SIMPLES POINTS DE VUE

PARIS

IMPRIMERIE ÉDOUARD BLOT

RUE SAINT-LOUIS, 46

1862

SIMPLES POINTS DE VUE

I

LE SUFFRAGE UNIVERSEL

Le suffrage universel est une matière insaisissable, ductile, légère, d'une mobilité extrême; comme le mercure, elle échappe aux doigts qui veulent la saisir. Il est presque impossible de le préjuger; ses résultats seuls sont logiques, palpables, clairs et appréciables. Les esprits bornés essayent et essayeront toujours de le *faire*, croiront y arriver, et toujours le résultat trompera leurs calculs. C'est avant tout par des vues d'ensemble qu'il faut se laisser guider pour juger de ce Protée aux mille formes que l'on appelle le suffrage universel.

En se plaçant à un point de vue élevé, on peut, à vol d'oiseau, exprimer d'avance une opinion sur les tendances hypothétiques de ce gigantesque instrument qui aujourd'hui fait et défait les royaumes.

Dans toute élection, qu'il s'agisse d'un conseiller général ou d'une annexion, il y a un côté utile, vrai, saillant que l'homme individuellement ne saisirait pas, mais dont s'empare avidement l'opinion générale par les milliers de mains du suffrage universel. L'utile et le vrai, enfouis sous le faux par les passions de quelques-uns, brillent d'un éclat légitime aux yeux de tous. On peut amener deux cents personnes à prendre des vessies pour des lanternes. Mille, c'est impossible; deux, trois, quatre

mille, encore moins! Plus il y a d'instincts, plus il y a d'intérêts à voir clair, plus il y a de chances pour bien voir. Il serait
difficile d'expliquer par une théorie cette lucidité merveilleuse
du suffrage de tous; cependant, si une explication était possible, je n'hésiterais pas à présenter celle-ci :

Quel est le problème qui se pose devant une masse d'hommes ayant une mission désignée? C'est évidemment de trouver
le vrai. Dans cette masse, il n'y en a pas un qui n'ait à lui et
en lui un atome, une parcelle du vrai. Eh bien, c'est cette parcelle, cet atome de vrai qui se dégage de toutes les unités pour
se condenser en nuée invisible qui est l'expression du vrai,
débarrassé de tout alliage impur par l'évaporation. C'est dans
ce sens que le *vox populi*, *vox Dei* est vrai et s'explique. Que l'on
ne s'y trompe pas, le résultat du suffrage universel est un phénomène qui n'est pas plus explicable que tant d'autres. Au
reste, il est plus essentiel de constater ce phénomène que de
l'expliquer. Qu'est-ce que cela me fait qu'un savant me démontre par les actions chimiques comment un grain de blé passe
au vert, pourvu que le grain de blé, une fois semé, pousse en
graine et en épis? Il y a là aussi un phénomène qui saute aux
yeux, mais dont la constatation seule importe à nos besoins. Il
en est de même du suffrage universel.

On a fait des volumes pour apprendre à plaire aux princes :
il faudra en faire aujourd'hui pour apprendre à plaire à tous.
Dans un livre pareil, mon explication serait bien placée : elle
apprendrait aux hommes dans quel milieu de vrai, d'utile et
de bon — presque impossible à la plupart — il convient de se
placer pour se faire agréer par l'opinion générale ; elle apprendrait aux vues restreintes et aux idées étroites que la place
n'est pas tenable en face de ce foyer lumineux que l'on appelle
le suffrage universel. Que serait-ce s'il était plus éclairé ! Car
enfin un faisceau de lumière brille d'autant plus que chacune
des clartés qui le composent est elle-même plus intense, chacun sait cela. Un suffrage universel éclairé, grands dieux ! ce
serait le règne de l'âge d'or. Serait-il possible de l'éclairer? On

le dirait, et cela par le plus simple des moyens : comment aug-
menter la masse de clarté d'un lustre de soixante bougies ? En
augmentant simplement le volume de chacune des bougies.
Faites de même pour le suffrage universel, et vous aurez une
intensité dans l'instinct du vrai en raison de l'intensité du
vrai dans chacune des parties qui le composent. Reste à savoir
si l'intensité du vrai sera dans chaque homme en raison du
degré d'instruction qu'il aura reçu. Est-ce douteux ? Pour quelques-uns, oui ; pour tout homme de bonne foi, non.

II

LA PÉRORAISON DU CINQUANTE-SIXIÉME LIVRE DE L'HISTOIRE
DU CONSULAT ET DE L'EMPIRE DE M. THIERS

Ecoutons M. Thiers, à la fin de son cinquante-sixième livre
si difficile du congrès de Vienne, faisant des vœux pour « qu'il
se forme en France une vraie politique de gouvernement, qui,
sans intérêt de dynastie ou de parti, sans entraînement du
moment, sans goût dominant pour la paix ou pour la guerre,
sans préoccupation exclusive en un mot, conduite par la raison d'État, dirige les affaires du pays dans l'unique vue de sa
sûreté et de sa grandeur! Dieu veuille nous accorder ce bien-
fait, et alors la France aura ce qu'elle n'a jamais eu, au moins
d'une manière durable, un sort proportionné à son esprit, à
son courage, à l'immense effusion de son sang! »

Entendez-vous, c'est un vœu, un simple vœu que formule
ainsi M. Thiers ; c'est une aspiration, une prière même, puisqu'il en appelle à Dieu. C'est assez dire que nous sommes
encore à le former ce vœu! Qu'est-ce à dire dans la pensée
d'un homme de parti comme lui, sinon que cet état désirable
du gouvernement en France est encore à désirer, et que sa
réalisation, dans la pensée de M. Thiers, est dans les formes

et les directions politiques de l'historien seul. Prenez mon
ours! voilà l'éternelle redite des hommes de parti. Singulière
contradiction! Cécité encore plus singulière chez un homme
qui voit assez clair pour être un lumineux et presque impartial
historien, et qui manque du don si rare de voir clair dans ce
qui se passe autour de lui! Pourquoi M. Thiers ne voit-il pas
que son vœu, à sa place en 1815, ne l'est plus en 1861 ? Évidemment son vœu est posthume. Pour qui est la leçon?
C'est bien pour la génération actuelle, il est impossible d'en
douter.

Ce vœu est splendide; il couronne dignement le livre dont il
est la péroraison. Quel dommage que l'homme soit au-dessous
de l'historien! car ici le caractère fait défaut, c'est sûr.
M. Thiers, grand et magnifique historien, est un homme singu-
lièrement petit; en présence des événements passés, c'est un
géant; en face des choses d'aujourd'hui, c'est un nain.

Mais ce gouvernement impersonnel, vous l'avez! Ce gouvernement calme, modéré, fort, sans entraînement du moment,
vous l'avez! Sans goût dominant pour la paix ou pour la
guerre, vous l'avez! Ce gouvernement sans préoccupation
exclusive, conduit par la seule raison d'État, dirigeant les
affaires du pays dans l'unique vue de sa sûreté et de sa grandeur, mais ce gouvernement, vous l'avez, autant qu'il est hu-
mainement possible de l'avoir! Et vous avez tout cela parce
que ce gouvernement n'est pas l'œuvre d'un parti, mais bien
celle d'un homme seul qui les résume tous, et voilà ce qui
vous blesse. Jugeant les hommes d'après vous, vous n'admettez
pas cette providentielle réunion de vertus dans un seul homme,
et cela parce que vous détestez cet homme, et vous le détestez,
parce qu'il est seul et unique auteur; éternel cercle vicieux
dans lequel vous tournez et tournerez tant que vous ne ferez pas
sur vous-même ce tour de force, si simple cependant, qui consiste à isoler vos yeux du corps qui les porte. Esprit piocheur,
travailleur, sagace la plume à la main et des documents sous
les yeux; esprit faux, injuste, étroit, rancunier, jaloux,

myope quand sa vue se porte sur des choses en chair et en os, tel est M. Thiers et tant d'autres!

Pour moi, l'Empereur Napoléon III, personnellement comme homme, est un chef-d'œuvre, un phénomème. Pourquoi? Par cette seule et unique raison qui résume tout, c'est qu'il est impersonnel. C'est, à mon avis, le seul homme dans la vie publique d'autrefois et d'aujourd'hui qui me présente ce tour de force sur lui-même, que j'appelle l'*impersonnalité*. Il a la singulière puissance de s'isoler de ce qu'il voit, c'est-à-dire de voir sans ses passions; dans ce monde, on ne voit clair qu'à cette condition. Cette faculté ferait de lui, dans notre position à tous, un homme remarquable; mais dans celle qu'il occupe, elle fait de lui un homme prodigieux. Quel concours, quel assemblage de chances il a fallu pour que les marches du trône vinssent se placer sous le pied de cet homme si heureusement doué!

Il gouverne pour tous, et ce n'est pas facile! Voyez l'histoire; que nous montre-t-elle? Des rois bien intentionnés, bien résolus aussi à gouverner pour tous, mais hélas! gouvernés eux-mêmes par quelques-uns; voilà leur perte et le malheur des gouvernés.

La France a le singulier bonheur d'être dirigée par un prince qui, quoique né dans un berceau royal, a cependant passé par la vie privée. C'est peut-être là, — pour le philosophe, — le secret de cette force sobre, de cette puissance contenue, qui, portées sur le trône, sont l'éternel honneur d'un homme et une garantie de réelle félicité pour la nation qui l'a acclamé. La guerre d'Italie a été pour l'Empereur le point de départ d'une politique à but fixe, à tendances déterminées. Rien de plus clair aujourd'hui que les voies politiques où nous marchons; c'est une route large, spacieuse, éclairée, sur laquelle le monde tout entier vient à notre suite sans crainte de s'égarer. La France est l'avant-garde de ce mouvement. Quel beau rôle! et ce rôle, à qui le doit-on? A l'Empereur. Quand on est persuadé de cela, est-il étonnant que l'on ait quitté cette voie indécise, ce chemin sans issue, ce cul-de-sac des partis, où nous pataugions avant le point de départ éclatant que l'on appelle la guerre d'Italie?

Cette politique a fait du passé une tombe où restent enfouis, à l'état de morts politiques, tous ceux qui ne l'admettent pas, tous ceux qui la renient, qui l'abandonnent, et il en est! Et, en effet, entre la politique antérieure et celle d'à présent il y a bien la différence de la mort à la vie, du noir au blanc, du jour à la nuit. Entre elles deux, nul rapport; l'hésitation n'est pas possible, il faut opter. Heureuse et efficace situation! Le terrain politique est déblayé, la place est nette, prête à y recevoir des hommes nouveaux. Il y avait autrefois des hommes qui étaient à la fois des hommes anciens et des hommes nouveaux; ce dualisme était possible; on était à la fois sagement rétrograde et sagement avancé. Aujourd'hui on ne peut être que honteusement rétrograde ou honorablement avancé. La division s'est faite sur le vaisseau qui nous portait : on a mis les uns sur un radeau de planches pourries assemblées, on a coupé les amarres, et les autres, sur un vaisseau allégé, se sont élancés avec la vapeur sur les flots vierges d'une nouvelle mer. Cette mer est légèrement courroucée; mais le pilote est bon, le vent favorable, les moyens aussi unanimes que puissants; voguons sans crainte. Quel beau spectacle! La mer est couverte de voiles amies; au nord, au sud, à l'est, à l'ouest, les flots disparaissent sous la toile tendue, et notre glorieux pilote, une main sur la barre, l'œil porté en avant, dirige vers l'avenir l'immense convoi qui nous suit.

M. Thiers voit-il tout cela? Et, d'abord, se donne-t-il la peine de regarder? Et quand même il regarderait, verrait-il? Sa puissance de voir s'exerce en arrière; mais ne lui demandez pas de l'exercer en avant. Les doctrinaires ont-ils jamais regardé en avant? Mon Dieu non, pas même à leurs pieds, et la preuve, c'est qu'ils sont tombés dans un trou qu'un enfant aurait évité. Où regardaient-ils donc? Hélas! sur eux-mêmes;

ils se trouvaient bien, et ils n'ont jamais songé à se demander si on les trouvait tels.

III

LA NATIONALITÉ

Ce que sera la carte de l'Europe dans trente ans d'ici, nul ne peut se le figurer. Avec les chemins de fer, avec les lignes de télégraphie, qui relient les continents à travers les mers, avec ces précieux instruments, dont la force morale est occulte mais immense, l'homme se sent bien réellement le maître de ses destinées.

Quel est son plus pressant besoin? C'est le calme, c'est la paix. Pour arriver à la possession de ces biens, un instinct infaillible lui indique le remaniement des agglomérations comme la base de ce calme et de cette paix qui seront, eux aussi, la pierre d'assise morale de ses nouvelles aspirations.

Jusqu'ici, l'opération qui consiste à grouper les hommes avait été l'œuvre des princes, des conquérants, de ce qu'il y a au monde de plus personnel, de plus batailleur. Les peuples, sans action sur leurs gouvernements, avaient été de dociles troupeaux, que l'on parquait un jour ici, un autre jour là, et tout cela, avec la guerre et ses misères, avec la diplomatie et ses ruses; moyens violents dans lesquels on tournait, moyens de force et de hasard qui donnaient le plus d'hommes au plus fort et au plus adroit. Le génie des peuples, leurs traditions, leurs mœurs, leur religion même, tout était confondu, méconnu, foulé aux pieds.

Le partage se faisait pour tous par quelques-uns : c'est ainsi que l'histoire nous montre ces tapis verts des congrès, ayant pour émules et pour homogènes ces tapis verts sur lesquels des imprudents et des fous jouent leur fortune sur un coup de dé. Vils moyens, affreux détails, qui font monter le rouge au front de celui qui les lit. C'était là que des hommes gorgés d'honneur, de croix, de fortune, les seuls heureux du moment, venaient gravement s'asseoir; c'était sur ce lit de Procuste qu'ils étendaient l'humanité, qu'ils la coupaient, la tailladaient à leur aise. Et pour combien de temps travaillaient-ils ainsi? Tout juste le temps à ces hommes de rentrer chez eux, et là, de renier ce qu'ils venaient de faire. Alors, nouvelles guerres, nouvelles misères, nouvelles hécatombes sanglantes, des défaites ou des victoires, et alors, encore de nouveaux traités aussi tranquillement travaillés pour être bientôt aussi odieusement violés.

Et pendant ce temps, que devenait l'homme, les hommes, le peuple, en un mot, c'est-à-dire la masse des hommes, c'est-à-dire ce qu'il y avait au monde de plus intéressant et intéressé à ce qui se fait? Le peuple, après la guerre, rentrait chez lui, reprenait son travail interrompu, trouvait ses champs dévastés, ses enfants dispersés, ses troupeaux décimés, et, à peine ses pertes réparées, il lui fallait courir aux armes à l'appel de son prince, et recommencer de nouvelles ruines. Que devenait l'homme entre ces deux termes de laboureur et de soldat dans lesquels se ballotait sa vie? Il devenait ce qu'il était avant, ce qu'il était après, ce qu'il importait aux princes qu'il restât toujours, une brute. La nationalité, cette fleur délicate de l'esprit humain, ce produit civilisé de la raison, qu'était-elle, que pouvait-elle être pour cet homme enfant? Que lui importait cette idée complexe à cet homme sans idées?

Sa cabane, son champ, sa femme et ses enfants étaient les bornes de son esprit. Sans instruction, par conséquent sans les moyens de se servir de sa raison, il restait dans le cercle étroit de la brute à qui suffit seulement un antre, une femelle et des petits.

Car enfin, qu'est-ce que la nationalité, si ce n'est le foyer élargi, c'est-à-dire la patrie! et la patrie n'est pas une étendue que la fantaisie a limitée. La patrie, c'est la même origine, la même langue, presque une parenté, car la patrie, c'est la mère avec son aile vigilante abritant tous ses enfants.

De cet homme-enfant à celui d'aujourd'hui qu'il y a loin ! Entre les deux il y a une révolution ; cette révolution est un abîme qu'aucune puissance humaine ne pourra combler : il n'y a pas moyen de passer sur cet abîme, par conséquent de revenir en arrière. Que reste-t-il à faire? A marcher en avant. C'est ce que l'on fait. Tout s'ébranle, tout croule, pas une pierre de l'ancien édifice ne restera debout, et la première pierre du nouveau, c'est la nationalité.

IV

LE PROGRÈS

Qu'est-ce que le progrès?

Prenons l'homme en lui-même et examinons-le. Qu'est-ce que l'homme depuis cinq, dix, quinze, jusqu'à vingt ans? Depuis sa nourrice qui essaye de le calmer, depuis la mère qui lui apprend ses premières lettres, jusqu'au père qui gronde, c'est un essai de perfectionnement continuel.

Ces tentatives rencontrent un bon ou un mauvais terrain; la question n'est pas là ; elles tendent toujours à amender. A vingt ans, l'homme livré à lui-même est en mesure de s'amender tout seul; dans le travail, dans l'oisiveté, dans les occupations ou le *farniente* d'une vie toute faite, il use et polit ses contours au contact des autres; il se perfectionne le plus possible; il arrive enfin à quarante ans! Faites-vous une différence entre cet homme fait et l'enfant de six ans, jeune homme à vingt?

Évidemment; eh bien! millionnisez cet homme, ce travail, ce perfectionnement; faites partir de cet homme le travail sur lui-même et le perfectionnement arrivant par le contact à ses actes, à ses passions, à ses intérêts, et vous avez des actes, des passions, des intérêts perfectionnés, et vous aurez le progrès. On me crie : il y a des exceptions. —Je le sais.— Il est des hommes qui restent en route. — Je le sais. — Qui ont bien commencé pour finir mal. — Je le sais. Qu'est-ce que cela prouve? Qu'il est des natures rebelles, foncièrement mauvaises; qui le nie? Quelle influence ces individualités peuvent-elles avoir sur le progrès de tous? Elles le confirment, voilà tout, et font valoir le mieux comme le beau fait valoir le laid.

Singulières gens! ils accordent le progrès dans les sciences, et ils nient son influence sur l'esprit humain. Ils font du progrès un ruisseau étroit rafraîchissant ses rives, arrosant quelques prairies, et ils ne voient pas que ce ruisseau, au début, devient fleuve plus tard, mais fleuve avec ses canaux portant à de grandes distances le mouvement et l'activité. Autant dire qu'ils sont myopes et incrédules; ils ne voient que ce qui est au bout de leur nez; ils ne croient qu'à ce qu'ils touchent. Hommes ordinaires en tout, partout et toujours, ils ne voient et ne sentent que ce qui est ordinaire.

Entre l'ordinaire et ce qui en sort, pour eux aucune liaison; ils sont privés du sens qui éclaire et permet de suivre une cause jusque dans ses effets les plus obscurs et les plus éloignés. Pour eux, la lumière est juste ce que leur carcel peut percer de ténèbres; leur esprit ne va pas au delà des rayons de clarté de la lampe à la lueur de laquelle ils lisent tous les soirs un journal qui est les bornes de leur horizon.

Esprits étroits, hommes médiocres, cœurs égoïstes et secs, envieux, jaloux, hommes de partis!... et avec tout cela, les meilleurs au foyer, lumineux dans leur livre de cuisine; bons frères, bons amis, bons pères, heureux époux. Et ils nient le progrès; et ils disent que les chemins de fer et la télégraphie sont des progrès dans le sens seul où il est permis à l'homme d'en faire; que l'influence de ces instruments sur l'homme lui-même, sur ses rapports avec ses semblables, sur son perfectionnement intime, n'existe que dans l'esprit de gens qu'ils ap-

pellent visionnaires ; que cette influence partie de l'homme
ne revient pas sur lui ; qu'elle s'exerce seulement avec quelque
utilité sur des instruments grossiers qui n'aboutiront, disent-
ils, qu'à faire aller plus vite un homme de Lyon à Paris, voilà
tout !

Comme si tous les progrès n'étaient pas intimement liés !
Comme si l'esprit humain, condamné, suivant eux, à ne pas
aller plus loin, ne sortait pas sans cesse de bornes reculées, et
toujours suivies, dans ce recul, avec une fiévreuse persis-
tance ! Comme si un chemin de fer n'avait d'autre but aride et
sec que celui de me faire franchir en quinze heures une dis-
tance que je mettais autrefois six jours à parcourir ! Quel terre-
à-terre !

Les mêmes hommes eussent brûlé Galilée, emprisonné
Newton, enfermé Fulton dans une camisole de force ; c'est clair ;
cette race de gens a existé de tout temps. Placés par leur fortune et leur position entre les sommités intelligentes et la
masse, ils n'ont jamais servi de fil conducteur des premiers à
la foule. Se moquant des uns, posant brutalement le pied sur
les autres, ils leur ont défendu de regarder et de voir. Mais
combien de temps peut-on mettre la lumière sous le boisseau ?
C'est une affaire d'heures, et nous y voici à cette heure, heure
solennelle à tant de titres !

V

LES ÉCRIVAINS HUMORISTES

Voici, pour les éternels contempteurs des temps où ils vivent, comment s'exprime Montaigne au sujet de son siècle,
dans le quatrième volume de ses *Essais*, au chapitre intitulé :
de la Présomption : « Il fait bon naître en un siècle fort dépravé ;
car, par comparaison d'autrui, vous êtes estimé vertueux à
bon marché ; qui n'est que parricide en nos jours et sacrilège,

il est homme de bien et d'honneur. » Et à cela, il ajoute une citation latine de Juvénal qui prouve que l'on en pensait de même de son temps; il n'y a donc rien de nouveau sous le soleil !

Ces deux grands esprits étaient dans l'erreur et la vérité, ils disaient vrai et ils disaient faux. Un siècle peut être détestable dans ses détails; il peut l'être un peu plus ou un peu moins qu'un autre. Mais est-ce par la physionomie intime d'une époque qu'un esprit sérieux et élevé peut juger des hommes? S'il fait l'histoire des hommes de son temps, c'est bien; mais s'il juge les hommes de tous les temps, il a tort.

Un homme est mal placé pour juger des hommes en général. En effet, comment parler d'eux sans souffrir de leurs crimes ou de leurs désordres? Comment veut-on que, de ce milieu empesté, un écrivain puisse s'élever hors des choses qui le font souffrir pour considérer d'un œil impartial une masse de faits d'où ressort un jugement vrai? Lorsque cet homme est assailli de coups d'épingles, vous lui demandez d'avoir l'air de ne pas s'en apercevoir! Voilà la difficulté; voilà ce qui infirme les jugements sur l'époque où ils vivent formulés même par des hommes d'une valeur incontestable.

Montaigne est un philosophe sybarite qu'un pli de rose gênait. Jugez de sa tranquillité d'esprit au milieu des discordes civiles où il vivait! Et cependant, voyez l'inconséquence humaine! Quoique contempteur de son époque, il avait horreur du changement. C'est que, pour le philosophe chrétien, catholique surtout, le changement ne suppose pas l'amendement : pour lui, le changement n'est qu'un déplacement du mal au mal, quand ce n'est pas du mal au pis. Avec ce système, les hommes sont toujours les mêmes. Tout change, tout se transforme, tout se modifie, devient meilleur ou plus mauvais autour d'eux; eux seuls ne changent pas. Est-ce possible?

Qui n'aperçoit dans une pareille manière de voir l'opinion égoïste d'un homme qui écrit dans un bon fauteuil, dans un appartement bien chauffé, entre son déjeuner fait et son dîner à faire, tout cela assuré, commode, et cependant avec la secrète angoisse de voir ce bien-être s'évanouir?

Les hommes comme Montaigne ou Juvénal n'écrivaient pas ce que nous lisons d'eux à l'âge de vingt-cinq ans; c'est de quarante à soixante. A cet âge, l'homme ne se fait plus d'illusion. A la place des illusions de sa jeunesse, le temps a placé des habitudes. Des habitudes, pour un homme mûr, c'est un blockaus où il s'enferme avec une férocité d'égoïsme incroyable, avec des fusils braqués dans toutes les directions. Venez l'y chercher! Que cet homme soit un écrivain, et vous avez des appréciations inquiètes, écrites les armes à la main. C'est aussi le malheur de ceux qui vivent dans des temps où l'agitation est sanglante; quelle différence avec nous! Dans notre Europe civilisée, à peu d'exceptions près, qui est-ce qui n'écrit pas ses impressions dans le calme le plus profond? On fait la guerre pour nous; il y a une armée pour cela. Il y a bien une garde nationale mobilisable, mais l'homme de quarante à cinquante ans n'en fait pas partie. Par conséquent, cet homme est admirablement placé pour juger des choses et des événements; ses écrits s'en ressentiront; ses jugements seront plus mûrs; ils tiendront de l'impartialité de la postérité; ils porteront cette couleur de rectitude et de générosité que le temps seul imprime à tout, même aux œuvres de l'esprit humain. Ni Juvénal, ni Montaigne, ni tant d'autres n'étaient placés pour écrire ainsi. Cicéron pouvait recevoir d'un moment à l'autre l'ordre de se tuer : Montaigne, dans un château isolé, en alerte perpétuelle, prêtant l'oreille à une arquebusade éloignée, écrivait une main sur sa plume, l'autre sur la détente d'un pistolet. On ne peut demander à un homme l'impossible. Évidemment et de bon compte, cette position n'était pas tenable pour faire de l'impartialité sur les hommes et les choses de son temps. Il gémit des changements politiques et religieux qui se faisaient autour de lui. Eh! mon Dieu, avait-il bien tort?

Les changements politiques n'étaient pas doux; les changements religieux n'y allaient pas de main morte. On attaquait ces derniers par le dogme, et on procédait à tous les deux par le fer, le poison, l'eau et le feu.

De nos jours, qu'on est à l'aise pour parler de tout!

VI

LE GOUVERNEMENT IMPÉRIAL

Je crois à la perpétuité du gouvernement de l'Empereur ; je crois à ses intentions ; je crois à ses efforts désintéressés pour le bien de tous. Je le crois imbu à tout jamais de son origine au point qu'il renouvelle pour moi la fable d'Anthée reprenant des forces en touchant le sein de sa mère. Je crois toute opposition inutile, je dis plus, nuisible. Une opposition honnête n'a d'autre but que celui d'activer le bien ; à quoi sert d'activer le bien là où le gouvernement est toujours en avant du bien à faire? à quoi sert une opposition qui est traînée au lieu de traîner? à gêner la marche, voilà tout.

VII

LE VRAI ET LE JUSTE EN FAIT DE GOUVERNEMENT

Deux lois souveraines régissent les choses humaines ; on les rencontre à tous les degrés, également applicables et appliquées avec un acharnement sans égal aux petites et aux grandes. Ces deux lois, c'est le juste et l'injuste, le vrai et le faux. Appliquons ces deux lois sur une chose sensible à l'extrême; le bras de levier d'une balance ; que voyons-nous? le vrai et le juste au centre, l'injuste et le faux aux deux extrémités.

Le gouvernement étant la direction la plus élevée dans l'ordre des choses humaines, si nous juxtaposons sa mission sur cette forme sensible de notre pensée, nous trouvons deux forces aux extrémités, l'opposition d'un côté, les partisans du gouvernement de l'autre; où est la place du gouvernement? Évidemment elle est au centre. Y est-il toujours? Jamais, du moins jusqu'à présent. Quel spectacle nous présentent les gouvernements antérieurs? L'opposition, les partis dynastiques et le gouvernement tous pendus, pour faire de la force, aux extrémités, et personne au milieu. La victoire est où est le poids, tantôt ici, tantôt là. Quand l'opposition triomphe, les ministres changent et quelquefois le gouvernement aussi ; quand le gouvernement triomphe, c'est pour un jour, deux jours, des mois pendant lesquels les forces généreuses d'une nation s'usent à des luttes sans grandeur, à des luttes de compétition, d'ambition, d'hommes vulgaires, tout cela au grand dommage des intérêts sérieux, des questions graves, disons le mot, aux dépens des forces vives de cette même nation. Une forme vulgaire rendra notre pensée : placez le gouvernement avec ses amis et ses ennemis au milieu d'une arène ; donnez-leur des armes, faites asseoir une nation sur les gradins, et vous avez l'image exacte des gouvernements passés. Est-ce gouverner des hommes, cela? Mille fois, non !

Aujourd'hui les choses sont changées. Un gouvernement qui est dans le vrai et le juste, qui veut l'un et l'autre, est placé au centre du bras de levier de cette balance où se pèsent les destinées des hommes ; il y est, c'est sûr, c'est indubitable, il y est autant qu'il est donné à des hommes de se rapprocher de l'exactitude mathématique de la notion ; il y est pour empêcher le bras de levier de pencher, et il y convie tous les hommes de bonne volonté. Dans cette hypothèse, les rôles changent. Tout ce qui est au centre est dans le vrai, le juste et le possible ; par conséquent, tout ce qui est aux extrémités est dans le faux, dans l'injuste et dans l'impossible. C'est à ce point de vue que l'opposition est coupable, je dirai plus, elle est inepte, sans raison d'être ; elle est inutile, et aujourd'hui

surtout, en fait de gouvernement, ce qui est inutile est cri-
minel, à plus forte raison ce qui est faux, injuste et impossible.

Le philosophe, qui observe les choses humaines, constate en
les voyant ces efforts vers le mieux : à qui en rend-il grâce ?
Les uns à la Providence, les autres au gouvernement. Ah ! mon
Dieu, le gouvernement qui sait tout, qui peut tout, n'a pas
inventé le vrai et le juste ; il y a longtemps qu'ils sont de ce
monde ! il a un mérite, et un bien grand mérite, c'est d'avoir
cherché à se placer dans ces deux termes, et d'y avoir réussi.
Était-ce bien difficile ? Moins qu'on le pense. Quand on est
dans le vrai soi-même, il est aisé d'y attirer les autres ; pour
cela, il n'y a qu'à le vouloir. Qui a placé le gouvernement dans
le vrai ? D'abord et au-dessus de toute contestation, c'est un
homme. Et cet homme, qui l'y a mis, lui-même ? Son origine !

Son origine, quelle est-elle ? C'est la plus juste, la plus noble,
la plus efficace des origines, la volonté nationale ! Elle est plus
sûre que la grâce de Dieu, celle-là ! Ce vaste berceau est un
talisman ; c'est avec ce talisman — à la condition de ne le
perdre jamais de vue — que l'on est dans le vrai, que l'on y
marche, que l'on y entraîne une nation, et que l'on suit une
route large, spacieuse, aisée où l'on ne s'égare jamais.

VIII

LA MARCHE DES CHOSES HUMAINES

On a toujours comparé la marche des choses humaines à une
roue qui tourne et dont les points, tour à tour dessus et
dessous, apparaissent invariablement aux regards avec la régu-
larité machinale d'un objet. Cette comparaison est juste et ne
l'est pas, elle est à la fois fausse et vraie, et en masse elle est
puérile. En tout cas, ce ne serait pas le sujet d'un reproche
bien grave si, de notre temps, un parti, une opinion, un groupe
d'hommes n'en prenait texte non-seulement pour battre en

brèche les théories opposées, mais bien plus, pour en faire la base d'une théorie politique; et voici comment. Les choses humaines, disent-ils, tournent dans un cercle vicieux; il n'y a rien de nouveau dans ce qui nous apparaît sur cette roue infatigable de la fortune. Nos idées, nos principes sont razde sol aujourd'hui. Ces idées, ces principes ont à leur tour passé à hauteur d'homme; laissez faire un tour de roue, et notre règne arrivera. Et sur ce raisonnement sans réplique, — ils le croient du moins, — ils bâtissent des plans et installent, — dans l'avenir, — des choses qui seront infailliblement, puisqu'elles ont été. Ajoutez à ce raisonnement une foi aveugle, et vous avez un parti très fort, très serré, très croyant, fanatique, aux yeux duquel les choses actuelles sont considérées comme non avenues, en conséquence sans autorité, plein d'espérance, basant sa politique sur ses espérances, se croyant digne, même sérieux, ne l'étant en réalité que pour lui, et faisant aux yeux de l'observateur l'effet de cet ivrogne qui attend imperturbablement que sa maison passe.

Quand des hommes considérables par leur fortune, par leur position, par leur savoir en sont là, il n'est pas inutile de leur démontrer ce que j'ai affirmé en débutant, c'est-à-dire que leur raisonnement était alternativement vrai et faux, et tout à la fois puéril.

Les choses humaines tournent dans un cercle, c'est indubitable, et ils sont dans le vrai; mais où ils sont complétement dans le faux, c'est lorsqu'ils croient que ce cercle tourne sur lui-même, à la même place, attaché par son centre. Oui, il tourne ce cercle, mais il fait comme une roue, comme une vraie roue, il avance en tournant; et cette action d'avancer, c'est le progrès, ni plus ni moins. Ainsi, c'est toujours la même roue qui tourne, mais elle a changé de place, elle a changé de milieu. Oui, certainement, les mêmes choses peuvent se reproduire, mais à la condition rigoureuse que ces choses différeront de l'énorme différence des lieux, des distances.

Placez sur cette roue les hommes et les choses qui en dépendent : vous avez bien avec des hommes la Saint-Barthélemy ; vous avez bien en 93 les horreurs de la Révolution par des hommes aussi, mais ne voyez-vous pas entre ses deux faits humains un écart prodigieux ! La Saint-Barthélemy, c'est de l'atrocité politique à froid ; la révolution, c'est de l'atrocité politique dans le délire d'une fièvre chaude ; l'Empire, qui la suit, est déjà plus tempéré, et cette fièvre du sang va se refroidissant tous les jours davantage jusqu'à atteindre les températures froides et calmes de notre temps.

Car, en définitive, qu'est-ce que le tempérament de notre époque, si ce n'est une réaction à outrance contre la fin du dix-huitième siècle et le commencement du dix-neuvième ? Ce sont cependant bien les mêmes hommes alors et aujourd'hui, comme au temps de la Saint-Barthélemy, mais changés, amendés de telle sorte, que ces changements et amendements transmis aux œuvres de leurs mains produiront sur la roue qui tourne des différences identiques : d'où des événements encore, c'est vrai, mais, à mesure que la roue avance, toujours amendés, toujours perfectionnés comme les hommes dont ils proviennent.

Quand on pousse légèrement un légitimiste ou un clérical dans cette théorie de la roue qui tourne, on le fait inévitablement tomber dans les faits. Il commence alors à partir de la révolution ; il vous fait cette histoire que nous savons tous d'une Révolution amenant par ses excès une réaction militaire ; laquelle, par ses excès, amène une réaction restaurante ; laquelle, toujours par ses excès, ramène l'Empire pour quelques jours ; lequel réamène une réaction toujours de plus en plus restaurante ; laquelle encore, par ses excès de zèle, amène une réaction libérale ; laquelle, par ses excès dynastiques, amène une république ; laquelle amène un militaire, puis un dictateur, puis un empereur.... lequel encore et toujours, dans l'avenir, amènera une restauration, et ainsi de suite, jusqu'à la fin des temps.

Tiennent-ils compte du tempérament des choses, du caractère des hommes, du type humain qui préside à tout cela? Pas le moins du monde. Après l'Empire doit venir une restauration : ils ne sortent pas de là, et cela, de par la loi de la roue qui tourne. Ce raisonnement est absurde ; en effet, dans l'histoire que nous venons de faire, nous voyons toujours un excès amener une réaction. C'est une loi éternelle, vraie de tout temps : c'est elle qui fait qu'une balle élastique en frappant sur un mur revient sur elle-même au lieu de s'y aplatir.

Pour une réaction, il faut absolument de toute nécessité un excès. Montrez-moi l'excès aujourd'hui, et je vous jure une chose, c'est de vous passer immédiatement la réaction.

De l'excès aujourd'hui! Mais vous n'y pensez pas, ou vous n'y voyez pas!... Aujourd'hui c'est le règne de la mesure! Je défie qui que ce soit de me montrer l'excès, l'excès développé, l'excès à son point culminant.

Il y en a, c'est sûr, toutes les choses humaines le comportent, mais c'est l'excès-atome, l'excès au début, l'excès réfréné, ramené, corrigé, effacé, et cela par les mêmes mains qui, en s'ouvrant, l'ont laissé échapper.

L'excès ainsi, c'est la vie avec ses hauts et ses bas, ses manifestations et ses corrections, ses élans et sa continence, c'est la vie avec ses pulsations, c'est le tic-tac qui annonce que le moulin est en travail. Et vous, insensés, vous prenez ce bruit pour un orage, pour une tempête! C'est là où est votre erreur, erreur sans cesse renouvelée ; vous prenez les moindres bruits qui s'élèvent du sol pour des tremblements de terre, et, l'oreille tendue, recueillant le moindre indice, vous vous dites : Nous y voilà! Puis vous vous rassurez bien malgré vous.... pour recommencer un instant après. C'est le sort de Sisyphe auquel vous vous condamnez vous-mêmes. Quelle existence! Et dire que vous y vieillirez, vous et vos enfants.... s'ils vous ressemblent.

Combien y a-t-il de temps que vous attendez du côté de l'Italie? Votre oreille inquiète écoute tous les bruits, votre imagination les recueille, les habille, les grossit ; vous en faites de grossiers mannequins, des têtes de Méduse factices. A qui en imposez-vous? Et jusques à quand vous donnerez-vous la tâche fatigante de rouler jusqu'en haut ce rocher des nouvelles impossibles qui vous meurtrit en retombant?

IX

LE CORPS LÉGISLATIF ET LE GOUVERNEMENT

Il ne doit y avoir entre une Chambre et le gouvernement de l'Empereur qu'une seule espèce d'émulation, celle du bien, ou, pour rester au point de vue des choses humaines, celle du mieux.

Ces deux pouvoirs, ne faisant qu'une force, doivent travailler de concert, sans ces tiraillements d'opposition puérile, déguisant des ambitions personnelles, dont les anciennes Chambres nous ont trop souvent donné le spectacle. Ces joûtes ont pu amuser cet auditoire électoral restreint à qui la fortune et des loisirs permettaient ces distractions, mais elles feraient plus que de ne pas amuser, elles seraient dommageables pour ce grand corps électoral universel dont les besoins sont incessants et les loisirs sérieux.

Le temps est bien loin de nous où une mesure présentée par le gouvernement rencontrait, dès le début, et avant examen, la défiance et les suspicions. C'était alors aussi bien la faute du gouvernement qui présentait la loi que celle du Corps législatif qui l'examinait. Une loi bien souvent n'avait que le voile, que la couleur du bien public; et encore, qu'était ce bien public? un bien public étroit, mesquin, partial comme le gouvernement dont il émanait, comme la Chambre qu'il avait faite, comme le corps électoral dont il représentait les deux cent mille intérêts.

Aujourd'hui, le bien public s'est millionnisé!...

X

UN NOUVEAU PRINCIPE POLITIQUE

Un principe politique a régi jusqu'à présent les hommes réunis en nation : c'est celui que les rois se succèdent de père en fils, ou de branche en branche, de telle sorte, qu'après une longue suite d'application de ce principe, les peuples sont inféodés à une famille, de telle sorte encore, qu'avec le temps, d'abus en abus, un peuple a paru, en droit et en fait, être le patrimoine et la propriété d'un homme succédant à un autre. Ce principe était monstrueux ; la coutume et l'habitude seuls ont pu longtemps cacher cette énormité.

Mais si les rois se succédaient, les vertus, les talents, la sagesse, étaient loin d'en faire autant : c'est alors qu'un peuple hardi et remuant fit mine de reprendre sa propre possession. Ce peuple, ce fut le nôtre. Lancé dans cette voie, il fit violemment ce qui s'appelle à bon droit une révolution. Cette révolution rencontra dans le sein de ce peuple des opposants ; à plus forte raison, ces opposants s'augmentèrent de tous les rois voisins qui régnaient en vertu du même principe politique que l'on proscrivait chez nous. Cette solidarité fit une ligue qui prit le nom de coalition : Elle prétendit par la force ; elle usa de la violence pour réduire une idée ; elle y parvint. Mais une idée n'est jamais réduite ; elle se cache, elle se fait petite, mais elle reparaît tout à coup. Nous fûmes donc rappelés plusieurs fois au principe gouvernemental que nous avions chassé : deux fois par la force étrangère, et enfin les deux dernières en nous cabrant sur nous-mêmes.

Nous en étions là, en république, nous gouvernant nous-mêmes, lorsque les principes conservateurs, qui sont le fond de notre tempérament politique, nous portèrent à élever sur le trône un d'entre nous. Ici brisure complète entre le mode ancien et le nouveau, c'est-à-dire révolution, transformation, changement du tout au tout. Un Empereur nous gouverne, mais cet Empereur a été nommé par nous ; il y a entre lui et nous un accord tacite, une espèce de mandat caché dont, heureusement pour le monde, notre élu est pénétré ; bien plus, le génie vient se joindre à cette convention, et nous avons à notre tête Napoléon III, c'est-à-dire l'expression prodigieusement exacte du nouveau principe politique que nous installons enfin chez nous après tant de désastres et de malheurs.

Voici donc l'antipode du principe ancien assis au milieu de nous ; il s'agit non-seulement de l'y maintenir, mais encore de le montrer au dehors. De deux choses l'une, ou ce principe resplendissant s'asseoira chez les autres comme il l'a fait en France par le fait d'un effort du peuple seul, ou bien nous les y aiderons. Dans le premier cas, c'est la révolution livrée à elle-même, c'est-à-dire violente ; dans le second, c'est simplement une évolution à laquelle notre poids s'ajoute. Il n'y avait pas à hésiter, l'Empereur fit la guerre d'Italie ; il la fit, disons-le bien haut, pour apprendre aux hommes qu'ils avaient le droit de se choisir un gouvernement, qu'ils avaient le droit de se réunir, de se grouper, de voter, de former une même famille portant le même nom, le droit d'avoir une patrie et de désigner celui qui devait les gouverner. Ce principe est immense, et il fait de la guerre d'où il est sorti le fait le plus prodigieux que l'histoire ait enregistré. Ce principe porte dans ses flancs tout ce que l'imagination a pu jamais rêver pour le bonheur des peuples, il est politique, social, humanitaire. Il ne fera pas certainement des hommes gouvernés par eux, mais il fera ce que l'on ne vit jamais, des hommes gouvernés pour eux.

XI

LE PARTI LÉGITIMISTE

Le parti légitimiste aux abois, sentant le sol manquer sous ses pas, attaqué et battu sur tous les terrains, est acculé aujourd'hui aux prophéties du moine d'Orval et de Nostradamus. C'est là qu'il est réduit à puiser des espérances et des consolations; petite chair pour des gens affamés. Ah! pardon, il a encore une branche de salut... c'est un cataclysme. Du reste, prophétie ou cataclysme, c'est la même chose; on peut tout voir dans ces productions bizarres, mais ce que l'on y voit le mieux, et ce que l'on y voit seulement, c'est ce que l'on espère. Ainsi des espérances! tel est le terrain politique où se réfugient des gens soi-disant sérieux; c'est sur ce califourchon que se mettent en campagne des convictions si respectables mais complétement dévoyées en ce moment. Hélas! tout craque autour d'eux, tout se désunit; c'est le radeau de la Méduse où non-seulement on meurt de faim, de froid et d'angoisse, mais encore c'est un radeau pourri dont les liens relâchés font craindre à chaque instant la division certaine. Un dernier lien empêche ces morceaux de bois assemblés de devenir des épaves perdues, c'est le pouvoir temporel de la papauté. Aussi on s'y tient, on s'y cramponne, vains efforts! Un coup de mer encore, et voilà les épaves légitimistes voguant en pleine mer... et pour toujours, pour l'éternité.

Comment peut-on s'aveugler au point de ne pas voir ces choses-là! Car enfin, quel recours? Une révolution, une émeute? Pauvres raisonneurs qui n'ont jamais vu ce qu'il y avait derrière une révolution ou une émeute! C'est cependant là qu'il faut regarder. Comprend-on vingt, trente, cinquante mille individus ayant mal dormi apparemment et se réveillant un beau matin en disant tous à la fois : « Faisons une révolution ?»

Est-ce possible ? Quel est l'homme sérieux qui peut croire une niaiserie pareille? Qu'il y en a néanmoins! On répondra: «Non, je ne comprends pas cela, mais je conçois quelques hommes déterminés conspirant dans l'ombre, agitant les cabarets, soulevant les ateliers, et descendant un matin dans la rue avec un cortége de trente, cinquante mille individus.» Pauvres raisonneurs! Je comprends, à la rigueur, le soulèvement des cabarets, des tripots, des bouges de la cité, mais celui de l'atelier! Ah! c'est trop, halte là! Vous êtes de mauvaise foi ou des niais, et tout à la fois des hommes coupables; car, qui vous autorise à parler ainsi de l'atelier? Et d'abord, qu'est-ce que l'atelier? C'est un temple, entendez-vous; c'est l'église du travail; et là, pas plus que dans un temple chrétien, vous n'avez le droit d'aller chercher ce qui n'y est pas, c'est-à-dire des voleurs et des assassins. Ah! nous ne disons pas le contraire, dans un atelier de deux cents ouvriers, des conspirateurs trouveront vingt, trente, cinquante hommes honnêtes à égarer, mais le reste! je vous défie de le soulever avec des blagues ou des sophismes. Prenez un groupe d'hommes dans quelque classe que ce soit, il y aura toujours une minorité mauvaise, c'est sûr, c'est évident, c'est indubitable; mais, je vous le répète, jamais une majorité n'a tourné vers le mal sans des motifs dont cette majorité est juge, croyez-le bien, et que l'habileté gouvernementale consiste seulement à ne pas lui procurer, voilà tout. Oui, voilà tout, voilà en deux mots bien simples toute la science du gouvernement.

Vous avez de par le monde des machines puissantes, admirables, qui tournent sur elles-mêmes avec une rapidité prodigieuse, réduisant en poudre impalpable le grain que l'on pousse entre ses meules. Ces machines sont souples, simples. obéissantes; un rien les arrête, un rien les met en mouvement. Donnez-leur à broyer des milliards de grains de blé, et elles font leur travail sans danger. Au lieu de leur pâture habituelle, jetez-leur un clou à broyer, un simple clou, et toute la machine voie en éclats. La science de gouverner des hommes est bâtie sur ce modèle : un groupe d'hommes peut se comparer à cette machine. Donnez à ces hommes ce qui convient à des hommes, du travail, des égards, du respect, de la considération, de l'instruction, occupez leur esprit par les détails d'une politique nationale à l'extérieur, attentive et recherchant le mieux à l'intérieur, et les fonctions de ce groupe seront simples, loyales, rationnelles. Laissez venir alors les conspirateurs et vous les verrez bien reçus ! Mais que le patron froisse ce groupe par les manifestations de son autorité, que le gouvernement laisse arriver à leur esprit ses fautes à l'extérieur et à l'intérieur, et vous verrez ce groupe s'agiter, s'arrêter, quitter le travail, descendre dans la rue. Là, il trouve d'autres hommes irrités. S'irritant à mesure, de rue en rue, de groupe en groupe, le nombre se fait : la colère, sourde d'abord, se montre, finit par éclater ; arrive une faute dans la répression, et vous avez une émeute le premier jour, puis une révolution le deuxième. Il a cependant fallu des siècles pour faire éclore cette science si simple de gouvernement qui consiste en cette vérité si ordinaire, si naïve qu'on la dirait de M. de la Palisse : Vous voulez que les hommes ne fassent pas de révolutions, n'est-ce pas ? eh bien, il n'y a qu'un moyen : ne leur en donnez pas des motifs ; en d'autres termes, prévenez-en les raisons.

Quel moyen, dira-t-on, de prévenir ces raisons ?

Celui de les pressentir.

Et le moyen de les pressentir ?

Soyez homme d'État.

Et pour être homme d'État ?

Ne soyez pas un niais.

Car enfin, qu'est-ce qu'un homme d'État ?

Que de gens embarrassés s'il s'agissait de répondre à cette question ! Et cependant !... La science, le savoir dans l'homme d'État, c'est du bon sens à haute dose ; à plus haute dose encore, c'est du génie.

Ainsi, cette faculté si simple que l'on appelle du sens, bien plus, que l'on nomme sens commun, cette faculté appelée commune parce que tout le monde en a un peu, à une certaine puissance elle devient du génie!... Prenez une pile de Volta de deux, trois épaisseurs, vous avez un faible dégagement d'électricité; supposez-la de mille, dix mille épaisseurs; grandissez-la jusqu'au niveau des tours de Notre-Dame, et vous avez une force d'électricité capable de soulever la cathédrale elle-même.

XII

LE MOT : RÉVOLUTION

A notre époque, deux légitimités sont en lutte, celle des peuples et celle des rois; la légitimité de tous et celle de quelques-uns. Au point de vue pratique, le mot *lutte* n'est pas exact; en effet, il n'y a pas, il ne peut y avoir lutte entre deux principes pareils; il suffit de les poser en face l'un de l'autre pour voir aussitôt le genou de l'un sur la poitrine de l'autre.

Il y a eu lutte tant qu'aucun de ces deux principes ne s'affirmait. Il y avait lutte non apparente, toute théorique, lorsque le principe de la légitimité des peuples s'affirmait timidement, sourdement : il y avait du feu sous cette cendre, voilà tout. Mais voilà qu'un coup de vent a passé sur cette cendre, et que le feu mis à nu apparaît comme apparaît le feu, c'est-à-dire en brûlant. Est-ce l'incendie avec sa torche lugubre aux mains de quelques forcenés? Est-ce l'incendie et le tocsin propagés par des gens à figure de brûleurs de maisons, suivant l'expression pittoresque de Rabelais? Non, c'est un feu doux et lent, maître de lui, qui sent sa force, qui chauffe mais ne brûle pas... Ah! pardon, il brûle aussi, il consume, il détruit, il réduit en cendres, quoi? les mauvaises herbes, les oripeaux, les loques, tout ce qui accompagnait et parait le vieux, cette enveloppe, ce placenta du vieil homme, d'où le nouveau sort pur et radieux. A cet aspect, les partisans du vieux droit crient à l'incendie, mais personne ne les croit. Allez donc faire croire à un homme sensé que le feu et la fumée qui sortent d'un tas de mauvaises herbes brûlées pour assainir un champ sont le signe d'un incendie réel ! Je veux bien que l'on y courre, je veux bien qu'on y aille voir, puis après ? La honte et la rougeur seront pour l'imbécile qui a mis en émoi tout un pays pour des herbes brûlées.

C'est là où nous en sommes en politique aujourd'hui. On crie au feu ! là où rien ne brûle sinon du chiendent.

Le mot qui sert de ralliement à toutes ces haines invectives, à ces colères des vieux partis, c'est le mot *révolution*. On exploite à cœur joie ce qu'il y a d'ignoble, de lugubre et de laid dans le passé de ce mot ; on travaille et on vise à faire horreur du fond en transformant ce mot en tête de Méduse. Bonnes gens, dont la plupart travaillent de bonne foi ! car, c'est indubitable, dans les anciens partis il est des hommes convaincus ; que penser de leur portée d'esprit ? Car enfin il n'y a pas de milieu : vous combattez la révolution de bonne foi, ou vous criez sur elle comme on crie au chien enragé sur un pauvre animal dont on veut se débarrasser. Dans le premier cas, vous êtes myopes, aveugles, sans portée d'esprit, vous êtes bêtes (c'est ce que je vous souhaite). Dans le second... on n'a pas à s'occuper de vous, car vous rentrez dans la classe des malfaiteurs, il n'y a que les lois de voirie à vous opposer, et elles suffisent, qu'on en soit bien convaincu. Savez-vous ce que c'est que le mot révolution ? C'est le mot qui tient suspendue sur vos têtes une autre épée de Damoclès ; c'est le mot qui, de ses larges épaules, soutient le dôme qui vous écraserait dans sa chute. C'est à lui que vous devez cette voix qui crie, ce sang qui circule, ce cœur qui palpite ; sans lui, tout cela serait mort ; cette machine humaine, dont vous n'êtes pas le chef-d'œuvre, serait inerte, muette, arrêtée pour toujours. La révolution vous porte, vous soutient ; c'est par elle que vous vivez ; la révolution vous sauve et vous sauvera malgré vous, ce qui ne vous empêchera pas de lui porter jusqu'au bout le tribut obligé de vos injures. Mais la devise de la révolution est celle de tous les honnêtes gens : « Fais ce que dois, advienne que pourra. »

Le mot révolution est pour vous quelque chose d'étroit, d'étriqué, de restreint. C'est le fait, dites-vous, de quelques hommes seulement ; c'est l'émeute ivre passant dans la rue attelée de quelques goujats ; c'est le groupe ignoble qui porte sur une pique la tête de la princesse de Lamballe ; ce sont les tueries de quelques soldats colériques dans la rue Transnonain. Ou bien, c'est une conspiration impossible durant quinze années de quelques hommes contre tout un gouvernement entouré d'une armée et d'une nation. Ou bien encore, c'est Garibaldi, les mains dans ses poches, entrant avec mille hommes dans les villes et les forteresses d'un royaume de dix millions d'habitants. Vous mêlez tous les actes ; vous confondez tous les faits à tort et à travers, sans savoir pourquoi. Vous ne voyez donc pas que vous êtes en contradiction perpétuelle ! Car enfin, le mot révolution signifie quelque chose ou ne signifie rien. C'est une puissance, une force, ou elle n'est rien de tout cela. Si c'est une puissance et une force, il faut avoir le diable au corps pour en faire l'inspiration de quelques brigands qui portent une tête. Si ce n'est pas une puissance et une force, elle n'est donc rien, et alors comment voulez-vous que Garibaldi, qui est seul avec elle, parvienne à conquérir un pays tout entier ? Il y a là contradiction choquante. Faites de la révolution ce qu'elle est, une idée, c'est-à-dire quelque chose de vaste, de profond, d'irrésistiblement fort, telle enfin qu'on l'a comparée à un flot, et alors inclinez-vous ; ou bien, faites-en la chose de quelques personnalités inquiètes ou égarées : devant la première, inclinez-vous et laissez passer ? devant la seconde... ne vous inquiétez pas et laissez faire les lois de simple police qui ont tout pouvoir nécessaire pour empêcher un caniche enragé de faire du mal.

Mais vous n'êtes pas si niais que vous voulez en avoir l'air. Vous savez bien que la révolution n'est pas cet animal isolé dont vous garantit la muselière municipale. Non, car vous savez très-bien ce qu'est la révolution, la vraie et bienfaisante révolution : vous savez qu'elle est l'antidote de vos principes, et qu'il y a là une légitimité à opposer à la vôtre, légitimité autrement puissante, puisque c'est celle du nombre contre l'unité.

XIII

L'ORIGINE DES OPINIONS HUMAINES

J'étais légitimiste avant d'être né, c'est assez dire que je ne fus chrétien, catholique et romain, que longtemps après. J'étais légitimiste quand mon père vivait, c'est-à-dire bien avant moi. Mon père était légitimiste parce que, dans une certaine classe, il était difficile d'être autre chose à cette époque. Mon père était de son temps, moi, je suis du mien.

Je ne connais pas de plus stupide tyrannie que celle qui exige qu'un homme ait les opinions politiques ou religieuses des siens, de sa famille, de ses ascendants, des parents, des amis, des connaissances, des relations de sa famille. A ce compte, il n'y a plus dans le monde ni personnalité, ni individualité : vous naissez, on vous marque d'un cachet politique sur le front, on vous baptise et tout est dit. Après cela, les années viennent, la réflexion aussi ; vous vous trouvez en présence des choses de la vie, des hommes ; vous les voyez passer, aller et venir, et vous n'avez pas le droit de porter sur ce va-et-vient un jugement quelconque : vous êtes obligé, sous des peines infinies, mais pas encore édictées, heureusement, de dire, de parler, de penser, de comprendre, de juger comme tous vos parents, y compris des cousins au sixième degré, ont dit, ont parlé, ont pensé, ont compris, ont jugé avant, pendant et après. C'est ce que l'on pourrait appeler la régimentation des opinions, la hiérarchie des idées, c'est-à-dire la subordination de ce qu'il y a de plus libre dans l'homme, la subordination de ce qu'il y a en lui de moins susceptible d'être subordonné. Quelle singulière connaissance du cœur humain! et comme de pareilles classifications sont habiles! l'enfant est à peine né qu'on l'entoure de précautions, on l'étaye de tous les côtés, on le prémunit dans tous les sens : il arrive à l'âge de raison échafaudé de partout. Sa machine jeune et souple se prête à merveille aux exigences de ce maillot de fer; mais voilà qu'un jour l'enveloppe est trop étroite : elle n'est pas élastique et l'enfant grossit; que faire? Avez-vous vu quelquefois une petite racine de chêne éventrer un fort mur? cela se voit tous les jours. Eh bien! ce qui se voit encore tous les jours, c'est cet enfant devenu homme faire craquer par une légère manifestation de vie intelligente l'énorme machine dont on l'a entouré. Laissez faire, ce n'est qu'une légère fente, et bientôt cette légère fente s'élargissant, la fissure devenant brèche, l'homme sortira triomphant, fier et libre d'un monceau de ruines. Voilà le spectacle que nous offrent si fréquemment les origines de ce nain devenu géant que l'on appelle un homme; Pantagruel faisant des efforts pour sortir de son berceau et ne pouvant y parvenir, finit par marcher avec toute la machine attachée à ses reins. Grandissant encore, il brise en mille pièces et les entraves et le berceau : sublime et simple histoire pour rire, qui nous laisse l'impression sérieuse d'un des plus grands actes de la vie.

XIV

L'ÉDUCATION DU PRINCE IMPÉRIAL

Au nombre des causes de notre temps qui influeront le plus sur les destinées de l'avenir, je n'hésite pas à placer en première ligne l'éducation du Prince impérial : c'est dire assez l'importance de cette éducation. Ce qui me porte à me préoccuper sérieusement de ce grand acte et à le considérer comme tel, c'est, sans flagornerie, la persuasion où je suis que ce jeune enfant, à l'inverse de tous ceux comme lui nés aux Tuileries, aura le singulier bonheur de succéder à l'Empereur. Ici, une foule d'objections qu'il ne me convient pas de combattre et pour lesquelles je n'ai aucune espèce de considération, regardant la proposition que je viens d'émettre comme surabondamment démontrée pour des esprits sérieux en dehors des appréciations mensongères et à courte vue de l'esprit de parti.

Le jeune prince recevra une bonne et excellente éducation, c'est sûr, mais il faut s'entendre. Je dis qu'il y a pour un prince deux sortes d'éducation, celle du prince et celle de l'homme. Quant à la première, je n'ai pas à m'en inquiéter, très-sûr qu'il la recevra partout et toujours, envers et contre tous, à outrance. C'est la seconde qui m'inquiète, celle que de beaucoup je considère comme la plus essentielle au point de vue de la destinée future des hommes que cet enfant est destiné à gouverner. Les sciences de toutes sortes lui seront inculquées, et cela par des hommes aptes et éminents; ce sera, on peut le prédire à coup sûr, un prince instruit. Mais qui lui apprendra les hommes? Il sera gracieux et souriant pour la foule que sa voiture percera avec peine, mais qui lui apprendra à se mêler à cette foule par ses idées, par sa pensée, par sa compassion, par son cœur en un mot? Par qui saura-t-il que la nature a fait tous les hommes pétris des mêmes chairs, du même sang? Qui lui dira que ces hommes d'aspect si dur sont avides de le voir parce qu'il est prince, et, comme tel, l'expression en chair et en os de la loi à laquelle tous sont soumis, expression matérielle et idéale à la fois? Qui lui donnera cette notion exacte qui comporte la connaissance des autres et de soi pour se faire une juste idée des rapports de la foule à lui? Qui osera lui dire, plus que cela, faire entrer dans son esprit; plus encore, identifier avec lui cette pensée que les hommes qu'il gouverne sont ses frères en humanité, qu'il est le premier parmi ses égaux? que la seule manière de primer les hommes consiste à les connaître, à les pénétrer, et, il faut le dire, d'en faire alors des instruments dociles par les seuls moyens du tour de force sur soi, qui a pour but de se maîtriser pour être non seulement digne, mais capable de maîtriser autrui? Qui lui dira que l'on ne maîtrise plus par la force, encore moins par la ruse; que la dissimulation, la force et la ruse dans le gouvernement sont des moyens non-seulement réprouvés par le sentiment général de notre époque, mais bien plus encore des crimes contre la science des hommes, contre la connaissances des lois exactes du cœur humain, contre la notion saine des véritables intérêts du gouvernant et des gouvernés? Dans quels livres apprendra-t-il tout cela? Dans Machiavel ou dans Fénelon?

Deux extrêmes aussi dangereux, aussi puérils l'un que l'autre. Machiavel était de son temps, Fénelon également : ils écrivaient pour des princes de leur temps aussi. Il faut que le prince soit de son époque, parce qu'aujourd'hui plus que jamais cette condition est rigoureuse. Je ne crains rien pour le progrès; mais un prince inhabile, élevé seulement dans des idées de prince, pourrait le retarder, tout au moins lui susciter des obstacles, et des obstacles à présent, ce sont des causes de violences, de soulèvements, de révolutions qui n'arrêtent pas le progrès, mais qui nous font perdre des jours, des mois, des années, et cela dans le siècle des intérêts par excellence, dans le siècle où, suivant l'expression anglaise, le temps c'est de l'argent.

Que l'on ne s'inquiète pas du prince, il est tout fait ou il se fera. Pour faire un prince, il n'y a qu'à laisser faire une spécialité quelconque; un militaire, un bourgeois, un dignitaire, un prêtre, un savant, un avocat, un magistrat, un propriétaire même, tous feront un prince accompli, qu'on en soit bien persuadé. Mais pour faire un homme, il en faut un autre, et il est indispensable que cet autre soit à la fois tous ces hommes différents, qu'il les résume tous en général, et qu'il ne soit aucun d'eux en particulier. Ainsi on fera le prince avec des spécialités, on fera l'homme avec quoi? Avec un philosophe? hélas! les philosophes d'aujourd'hui ne sont pas ceux d'autrefois. On trouverait peut-être encore un précepteur d'Alexandre, mais trouverait-on un Sénèque ou un Burrhus? Les philosophes de nos jours sont excellents la plume à la main; ils sont bourrés de science, de latin et de grec : quel front opposent-ils, en dehors de leur cabinet, aux simples agitations du foyer domestique? Savent-ils mettre leur conduite dans le rapport exact de leurs préceptes? Combien superbes et maîtres d'eux dans une séance de l'Académie, rentrent au logis pour passer sous les fourches-caudines des tracas domestiques! Combien sont armés et pénétrés des préceptes de la philosophie? Comment font-ils à la pratique l'application des enseignements de la théorie? Est-ce que, dans la plupart des cas, le philosophe est autre chose qu'un savant, c'est-à-dire l'homme le plus spécial qu'il soit possible? Bien plus, la spécialité chez un philosophe serait la plus dangereuse des spécialités que l'on pût appliquer à l'éducation d'un prince. Non, ce n'est pas cette philosophie qu'il faut pour faire un homme; pour atteindre ce but difficile il faut cette philosophie du cœur et des sens, cette philosophie passée dans le sang et le tempérament chez un homme qui a vécu, qui a vu, qui a senti, qui a souffert, et dont la réflexion repliée sur elle-même, cessant d'être agressive, voyant les hommes de près et les choses de loin, s'est assis carrément sur la base solide d'une indulgence raisonnée, indulgence à toute épreuve, car indulgence n'est pas faiblesse.

Il y a dans l'homme deux natures de bonté : il y a la bonté native, celle du cœur, le prince l'aura. Mais il en est une autre, bonté artificielle, dont la base est dans le cœur, évidemment, mais surtout dans les développements. Ces développements, c'est la réflexion qui les produit au fur et à mesure des anxiétés de la vie. On pourrait induire de là qu'il faut à la vie des anxiétés. Qui dit le contraire? et puis quelle est l'existence qui n'en a pas? Sous ces tristes atteintes, l'homme devient meilleur; c'est ici que les racines de la bonté puisant dans le cœur sont utiles; c'est par elles qu'arrivent aux épreuves de la vie le baume qui change l'amertume en douceur.

XV

L'OPPOSITION

Singulière différence entre l'opposition des règnes précédents et l'opposition à celui-ci! Autrefois, l'opposition demandait des choses qu'on ne voulait pas lui donner avec des mots qu'on lui laissait dire; aujourd'hui l'opposition méconnaît, refuse même les choses qu'on lui donne pour demander des mots qu'on ne veut pas lui laisser dire. Autrefois l'opposition était devant; elle traînait le gouvernement à sa remorque : aujourd'hui elle est derrière; elle est traînée à son tour.

Cette manière exacte de considérer l'état présent des choses politiques en France explique seul l'obstination sensée du gouvernement, se refusant à l'introduction d'éléments d'opposition inutile, puisqu'elle est traînée et que c'est lui qui remorque.

Si une locomotive devenait tout à coup inutile par la rupture d'un de ses organes, je comprendrais les voyageurs se plaçant en tête et traînant eux-mêmes le convoi; mais quand elle court en avant, majestueuse avec son panache de fumée, je comprends encore mieux que les voyageurs à sa suite n'aient rien de plus sensé à faire que de se laisser traîner.

Cette comparaison d'un chemin de fer avec un gouvernement est loin d'être exagérée; au contraire, ce parallélisme est forcé. Je m'explique. Il fallait à des hommes qui courent si vite d'un point à autre, qui causent à de si prodigieuses distances, il fallait à cette activité matérielle une impulsion morale, c'est-à-dire gouvernementale aussi puissante, aussi

active, aussi dynamique, s'il est possible de s'exprimer ainsi.
Un gouvernement qui aurait marqué le pas, bien plus, — et il
s'en voit, — qui aurait retenu en arrière, infailliblement eût
été brisé, c'est sûr, mais, ce qui est bien plus dangereux, eût
provoqué dans ces masses lancées en avant des mouvements
d'indignation et de colère qui auraient tout compromis. En
termes clairs, pour que ce que l'on appelle la révolution ne fît
ni mal violent ni dommage irréparable, il fallait abonder dans
son sens, se mettre à sa tête, c'est-à-dire à la tête de ce qu'elle
a de rationnel, et la conduire parallèlement aux immenses
forces intellectuelles de notre époque. L'éternelle gloire du
gouvernement actuel sera d'avoir compris cette mission, mission essentiellement conservatrice, sans laquelle l'ordre social
en Europe était compromis à tout jamais. Quelle merveilleuse
sagacité chez un homme! Quel étonnant assemblage de dons
il a fallu, non pas pour inventer cette mission, mais pour la
saisir, se l'assimiler, en faire le but constant et logique de ses
veilles et de ses travaux, la conduire, la diriger, lui faire tra-
verser le calme et la tempête, pour la modérer, modérer soi
et les autres, et tout cela sans se laisser pousser ni presser
par les deux cent millions d'hommes qui marchent derrière
lui!...

XVI

LES CONVICTIONS

De tout temps les hommes ont été difficiles à convaincre. Le
sont-ils plus dans celui-ci? Je le croirais, et, pour cela, je
m'appuie précisément sur ce qui devrait les mettre en garde
contre un préjugé, l'accroissement des lumières. Autrefois, ou
ils cédaient, ou bien, ce qui arrivait souvent, ils brûlaient.
Aujourd'hui, ils ne brûlent plus, Dieu merci, mais, en re-
vanche, ils cèdent moins, parce que, plus éclairés, ils y voient

moins. Oui, ils y voient moins : ils voient davantage autour d'eux , c'est-à-dire dans un rayon restreint, mais aussi ils voient à de moins grandes distances, et leur vue paresseuse ne perce pas l'auréole de clartés dont ils sont entourés. Placez un homme dans un cercle de bougies et allumez une torche à cinq cents mètres, il verra cette dernière beaucoup plus tard que celui qui serait placé au milieu d'une obscurité complète et aux yeux duquel jaillirait tout à coup la lumière de la même torche. Une comparaison peut servir à faire comprendre ma pensée; mais il faut rester à son égard dans de justes limites, car autrement, prise à la lettre, il est certain que l'on arriverait à des conséquences extrêmes qui me feraient dire une absurdité. Une comparaison matérielle peut servir à éclairer une idée, mais c'est à la condition de ne pas approcher cette lumière assez près pour mettre le feu à cette idée.

Un sauvage se ferait peut-être plus facilement l'idée d'une locomotive qu'un homme civilisé qui n'en aurait jamais entendu parler. Le sauvage aurait l'air plus étonné qu'incrédule; l'homme civilisé vous rirait au nez, et vous ne l'amèneriez pas, j'en suis sûr, à cette simple opération, qui consiste à s'assurer lui-même, par ses propres yeux ; il douterait jusqu'au jour où le hasard seul le mettrait en contact avec les roues d'une locomotive, et encore peut-être faudrait-il qu'il tâtât de leur puissance en essayant de se faire écraser. Voilà ce qui me fait penser qu'il n'y a rien de plus difficile à convaincre qu'un homme instruit. Plus il sera instruit, plus il doutera de la possibilité d'une chose qu'il ignore, et à cela il y a plusieurs raisons : d'abord, il y a une raison d'orgueil dont chaque homme est doué, surtout un homme instruit, qui lui fera nier simplement parce qu'il ne voudra pas avouer qu'il ignore; ensuite, il y a la raison tirée précisément de ce qu'il sait. Pour peu que la découverte dont vous l'entretenez soit extraordinaire, la science lui fera défaut; il s'expliquera moins la chose qu'il raisonnera davantage; plus il raisonnera, plus il objectera, et encore, pour qu'il fasse tout cela, il faudra qu'il soit bien complaisant, bien patient. En général, ces messieurs y mettent moins de façons : s'ils ne sont pas polis, ils vous rient au nez et se retirent; s'ils sont polis, ils détournent la conversation et ont l'air, quoi qu'ils y fassent, de vous prendre en pitié. Je ne dis pas que mon sauvage n'élèvera pas des doutes; je sais qu'il sera également difficile; mais enfin, quoi qu'il en soit, je vous jure que, pour ma part, je préférerais avoir affaire à lui.

Ainsi donc, éclairé ou non, l'homme est difficile à convaincre, et lorsqu'il l'est, c'est presque toujours malgré lui. Je parle des hommes en général, et non pas de cette petite phalange d'hommes d'élite que rien n'étonne et n'arrête. Où en serions-nous sans eux? Les hommes en général ne comprennent pas la différence qu'il y a entre une crédulité absolue et un doute également absolu. Ils ne savent pas qu'entre ces deux extrêmes il y a des termes moyens dans lesquels doit toujours se tenir, en tout et partout, un homme sage et sérieusement éclairé. Ils ont fait une niaiserie d'une trop grande crédulité, et presque une vertu d'un doute extrême. Ils ont mis une faiblesse ici et une force là, lorsque la faiblesse est dans tous les deux, à l'exclusion de la force, qui n'est ni ici ni là. La force d'un bras de levier suspendu par son milieu n'est ni à une extrémité ni à une autre, elle est au milieu. Une vérité peut toujours se comparer à un bras de levier pareil. Au milieu est la vérité vraie; les deux extrémités participent à la force de vérité qui rayonne du milieu; mais au centre seul est la force. Les uns se suspendent à une extrémité, s'y cramponnent, et n'en démarrent plus, les autres en font autant à l'autre pôle. Ils tiennent chacun quelque chose du vrai, c'est ce qui fait qu'ils s'obstinent, et nul ne songe au centre de gravité. Dans toutes les erreurs humaines il y a quelque chose du vrai. Dans toutes les vérités humaines, il y a quelques grains d'erreur. Il n'y a ni erreur ni vérité absolue; le doute est permis, autorisé, mais on en abuse dans les deux sens. Le doute est une arme pesante : il faut un bras d'Hercule pour le manier.

Le doute est l'exubérance des forces d'un esprit sain et vigoureux.

La foi naïve est une faiblesse de l'esprit, mais faiblesse charmante et inoffensive.

Lorsqu'elle s'allie aux beautés de l'âme, elle enfante des prodiges.

Une foi robuste et entière est un fer battu et forgé lorsqu'il est rouge.

Une foi raisonnée, c'est un fer trempé et battu à froid.

Cette seconde trempe est de beaucoup la meilleure.

Comme dans l'enfance de leur civilisation, les hommes croient aujourd'hui vivement. Ils croient comme ils croyaient autrefois, et ils doutent plus aisément. Aussi, ces deux forces se faisant équilibre, ils vont sans cesse du doute à la foi et de la foi au doute : d'où tiraillement et absence d'énergie dans les convictions.

XVII

LA MISSION DE L'EMPEREUR

L'Empereur est chargé, ou plutôt il a pour mission de concilier l'ordre ancien avec le nouveau. Je ne dis pas réconcilier, et pour cause ; on ne réconcilie pas ce qui ne peut être réconcilié. On attaché au même joug deux taureaux ennemis, et on les oblige à faire de la force dans le même sens. La mission de Napoléon III est un tour d'adresse : c'est ce qui explique les critiques dont il est l'objet ; critiques dont le moindre inconvénient est de ne pas être compris. S'il agissait par la force, ce serait différent ; les moyens étant au grand jour, le but le serait également. Mais il n'en est rien ; il est obligé d'entraîner avec lui des gens qui ne veulent pas marcher, et, de l'autre côté, d'arrêter ceux qui vont trop vite. Tout le secret de sa politique est là ; c’est pour cela qu’il est incompris, et on le conçoit : ceux qu’il entraîne ne veulent pas avouer qu’ils ne savent pas marcher, et ceux qu’il arrête ne veulent pas avouer qu’ils ont besoin des lisières et du bourrelet qui suppléent, chez un enfant, les jambes qu’il n’a pas encore.

Ainsi, prouver aux uns qu’ils ne marchent pas, prouver aux autres qu’ils marchent trop ; entraver ceux-ci, activer ceux-là ; crier aux uns : « En avant ! » crier aux autres : « Doucement ! » et tout cela au milieu des complications étranges d’une politique fiévreuse et désordonnée comme à toutes les époques de transition, ce n’est pas, il faut l’avouer, chose facile.

Dire ce qu’il faut de longanimité, d’énergie, de souplesse, de force, de puissance sur soi et sur les autres à mettre au service d’une cause pareille, c’est assez dire les qualités inouïes se faisant équilibre qui sont l’apanage d’un homme chargé d’une mission pareille.

Certes, l’histoire présente des exemples d’hommes qui ont porté en eux les destinées des empires ; mais jamais on ne vit à ce point une seule tête assumer sur elle autant de responsabilité. En effet, Napoléon III ne représente pas seulement les destinées de son pays ; il représente encore celles de l’Europe, plus encore, celles du monde civilisé ; et pourquoi ? C’est qu’il est le pivot d’une résistance et d’une action universelle ; c’est qu’il est le centre de deux forces qui se disputent le monde depuis des siècles.

Vit-on jamais une querelle de cette dimension ! Et ce n’est pas lui qui l’a voulu ainsi ; ce n’est pas le hasard non plus ; c’est encore moins cette action superstitieuse que la peur et l’ignorance nomment la Providence ; non ! c’est le concours gradué, lent et insaisissable des choses humaines. Depuis que le monde est monde, deux lignes parallèles couraient côte à côte, ne devant se rencontrer qu’à l’infini. Le moment de cet infini est arrivé ; nous y voilà ! L’Empereur est arrivé juste sur le point d’intersection dans la plénitude de l’âge, de l’expérience et du talent. Rendons-lui cette justice; il a infiniment contribué à faire naître une situation; ce sera sa grande gloire, son éternel honneur.

Évidemment ce parallélisme pouvait se continuer encore; cependant tout annonçait aux esprits sérieux une rencontre, un choc, quelque chose de décisif.

L'Empereur s'est trouvé là pour l'amortir; — que l'on me passe cette expression, — il a servi de tampon entre les deux gigantesques locomotives qui allaient se briser.

Pour nous, l'avantage est immense; non-seulement on remettra la pyramide de l'ordre sur sa base, mais nous y arriverons par secousses successives au lieu d'arriver par le bris et l'effraction.

Entre ceux qui retiennent et ceux qui poussent, il y a une colère immense, une rage sourde, une fureur et une animosité contenues; il fallait un médiateur, le voilà!... Situation unique, exceptionnelle, puisque tout est en jeu, l'ordre politique et l'ordre religieux, conditions traditionnelles de la cohésion des hommes entre eux!

L'ordre politique et l'ordre religieux réunis, ou plutôt désunis depuis qu'il existe des hommes! Deux puissances se disputent la direction des hommes dans les voies immenses de la vie! Il s'agit de les mettre d'accord, et non pas d'en supprimer une comme le disent tant d'obstinés détracteurs; il s'agit de dire à toutes les deux : « Vous viendrez seulement jusque-là, vous n'irez pas plus loin. » Il s'agit, en un mot, de leur séparation.

XVIII

La légitimité est un mot plein de sens, de vie et de vigueur lorsqu'il signifie une délégation faite une fois du gouvernement des hommes à une maison, à une branche, à une famille, et que cela est reconnu et accepté par tous. Mais c'est un mot vide de sens quand cette délégation est non-seulement niée par tous, mais reprise et interrompue dans l'ordre des faits. Pour rester légitimiste quand même, il faut nier cet ordre de faits! Je ne connais pas de plus insigne folie.

Un fait politique n'est pas palpable du jour au lendemain, du moins pour tous. Avec l'immense publicité de notre époque, il y a souvent contradiction sur la portée et même sur le simple accomplissement du fait le plus patent.

Ceux contre l'opinion ou l'espérance desquels un fait s'accomplit peuvent toujours en nier d'abord la possibilité; battus sur la possibilité, nier l'accomplissement; battus sur l'accomplissement, nier la permanence; et enfin, battus en pratique, nier en théorie les résultats possibles et la portée, et cela partout et toujours, jusqu'à l'heure où, les jours s'ajoutant aux jours, les années aux années, le fait apparaît fixé, inébranlable, installé. Eh bien! pour certains esprits, il y a encore moyen, à ce moment, de rattraper une branche d'espoir, c'est d'annoncer à courte échéance un cataclysme général. Ce n'est pas un des caractères les moins curieux de notre temps que de voir de fort honnêtes gens s'amuser leur vie durant à ces exercice de singes pour la banale satisfaction d'un amour-propre blessé.

En politique, je connais peu, pour ma part, de convictions respectables. En effet, lorsqu'une conviction ne sort pas d'une blessure d'amour-propre, on en trouve toujours les raisons dans le mauvais vouloir, dans l'entêtement, dans les préjugés, et, reliant ces trois termes, dans l'absence absolue du jugement et de la portée de l'esprit.

Un homme peut être fort respectable et sa conviction politique ne l'être pas.

C'est ici qu'apparaît la différence si grande d'un homme privé à un homme politique.

Un homme a des idées très nettes de ses devoirs d'époux, de

père, de fonctionnaire : le même homme possède rarement le
don des idées générales qui font l'homme politique. Un homme
privé qui a des idées précises sur les soins de sa vie quoti-
dienne porte rarement cette précision dans des idées com-
plexes embrassant l'universalité des causes et de leurs effets.
L'homme politique a la précision des idées comme l'homme
privé, seulement il applique cette précision à des milliers
d'hommes. La différence de l'un à l'autre, ce n'est pas tant
l'esprit que la portée de l'esprit. Cette portée, tout le monde
croit l'avoir lorsqu'elle incombe à bien peu : c'est ce qui explique les divagations perpétuelles chez quelques-uns ; c'est pour
eux que La Bruyère a dit : « C'est abréger et s'épargner mille
discussions inutiles, que de penser de certaines gens qu'ils
sont incapables de parler juste, et de condamner ce qu'ils disent, ce qu'ils ont dit, et ce qu'ils diront. »

XIX

L'UNITÉ ITALIENNE

L'unité italienne ne paraîtra possible à quelques esprits
incapables ou prévenus que le jour où elle sera faite, et
encore !...

L'unité en Italie doit passer forcément par la phase de l'uni-
fication ; c'est la plus grande objection de ses détracteurs,
comme si une unité se faisait seule ! Comme si pour faire un
civet il ne fallait pas d'abord un lièvre, et surtout une cuisi-
nière !

L'unité était-elle dans les idées, dans les besoins ? Évidemment. Eh bien ! elle devait se faire contre la tradition et malgré
les princes qui la représentaient. Qui, depuis des siècles, mor-
celait l'Italie ? Les princes seuls. Il a donc fallu les éliminer : la
révolution s'en est chargée.

Voilà donc un grand État ajouté à la grande confédération

des grands États européens. Ici, deuxième objection : l'Europe n'a pas intérêt à être formée de grands États. Cette affirmation biffe d'un trait tout le progrès moderne. En effet, quel est le plus grand ennemi de ce progrès ? La guerre. Les petits États ne pouvant pas se suffire ont toujours besoin de protection. Cette protection, les grands États la donnent constamment, d'où, entre ces grands États, cause perpétuelle de guerre pour protéger les petits, et toujours de guerre généralisée.

Les grands États ne se battront jamais que pour de grands et de rares motifs. En admettant qu'ils ne soient jamais un contre un, l'adjonction d'un troisième fera rapidement pencher la balance.

Deux contre deux, c'est impossible ; l'adjonction d'un cinquième déterminera la paix. Et puis les intérêts des individus tendant toujours à se grouper de ville à ville, de département à département, de province à nation, de nation à nation, il s'ensuivra un intérêt général de ne pas faire ce qui nuit à tous et à un seul. Cette tendance à l'union de tous par les rapports, par les intérêts, exige impérieusement que les divisions territoriales des peuples soient le moins multipliées possibles, parce qu'alors les questions seront elles-mêmes moins divisées, plus nettes, plus précises, il n'y aura, en un mot, plus de petites questions.

Prenons un exemple, la question d'Orient : celle-là est immense ; nous sommes appelés à la résoudre. Que voyons-nous à cette curée ? Cinq grandes puissances ; et combien de petites ? Je ne me charge pas de les compter. L'unité de l'Italie du coup en raye cinq : j'appelle cela une simplification énorme pour la question d'Orient. Au lieu de ces innombrables petits États allemands, mettez-en un, et à la place de vingt ou vingt-cinq puissances appelées à résoudre la question, vous en avez sept, huit au plus ! C'est encore trop, je le sais, mais on ne peut pas tout faire en un siècle. Plus heureux que nous, nos arrières-petits-fils verront, cela est sûr, l'Europe divisée en trois ou quatre grands États, et l'opinion publique de ces masses

d’hommes opérant sur leurs gouvernements une pression for-
midable d’où sortira un apaisement général..

XX

FORMATION PRIMITIVE DES ÉTATS

L’éparpillement des nationalités est l’état normal des peuples
non civilisés. Alors la formation d’un grand État est l’affaire
d’un homme heureux, ou adroit, ou moins scrupuleux. C’est
le règne de la force dans toute sa splendeur et sa légitimité ;
c’est ce que les réactionnaires d’aujourd’hui admirent de toute
leur admiration, ce qu’ils estiment de toute leur estime. Alors
la guerre et tous ses fléaux pour lesquels les malheureux
disent et croient que les hommes ont été créés et mis au
monde ; alors la négation du progrès et de toute perfection
humaine, estimant l’homme créé d’un bloc, en un jour, avec
des défauts et des qualités sur lesquels six mille ans ont passé
sans laisser de traces. Si, ils avouent des traces, mais quelles
traces? Des qualités amoindries et des défauts perfectionnés.
Pauvres raisonneurs! Et ils prouvent cela leur code religieux
à la main! Ah ça, qu’est-ce qu’un code pareil qui travaille
depuis des milliers d’années pour perfectionner le mal? C’est
la faute du code ou des hommes, il n’y a pas moyen de sortir
de là. Si c’est la faute du code, rejetez-le, puisqu’il est mauvais
ou impuissant. Si c’est la faute des hommes... Ici, nous sommes en face d’une monstruosité. Condamner tous les hommes,
de l’avis de quelques-uns, c’est fort ; cela ressemble fort à une
lamentation. Se lamenter sur les hommes, soit, chacun prend
son plaisir où il le trouve ; comme lamentation, c’est bien,
pour peu qu’on soit un Jérémie ; mais comme infirmation,
quelle valeur cela a-t-il ?

XXI

L'ABSORPTION DES PARTIS

Un état désirable, en France, serait celui où il n'y aurait plus de partis. Que faudrait-il pour cela? Rien qu'une chose très simple, c'est que l'un d'eux fût assez fort pour absorber tous les autres. Cela paraît difficile, c'est cependant où nous en sommes à présent, du moins à l'état de tendances et d'aspirations. C'est peu, dira-t-on. Je le sais, mais des tendances et des aspirations accusent un travail : c'est ce travail qui, jour par jour agglomérant ces tendances et ces aspirations, produira à un moment donné ce que j'ai désiré en commençant, un immense parti qui englobera tous les autres.

Ce travail est sourd, latent à l'extrême, mais il est aussi visible que le soleil à midi. Il apparaîtra à quelques regards étonnés comme le soleil sort d'un nuage balayé par le vent; il n'étonnera que les myopes et les aveugles. Ce grand parti, c'est le parti Napoléonien; non pas parti composé de *partisans*, mais parti fondu, confondu avec la masse, avec ses instincts, avec ses idées, avec ses intérêts. Ce parti n'en sera plus un, ce sera la nation avec son corps, ses pieds, ses mains, sa membrure et une tête Napoléonienne.

L'immense avantage de cette famille, c'est d'être sortie des entrailles de la nation, d'en avoir en quelque sorte gravi les degrés, et peu à peu conquis la tête où elle s'est installée, toujours en communication avec le reste du corps par une loi aussi familière que celle de la circulation du sang et de la chaleur dans le corps humain.

Le premier Empire, malgré quelques mécomptes qui furent plus obligés qu'on ne le croit, s'empara fortement par la gloire de la fibre sensible du pays. Le second Empire n'avait plus à conquérir que le cœur, c'était pour son chef une tâche aisée :

il fit plus! Par des guerres lointaines mais utiles, il continua pour la France des étapes de gloire qui seront toujours, pour ce peuple brave et ardent, aussi nécessaires à sa vie que l'aliment grossier pour chacun de nous. Pendant ces épisodes guerriers, l'Empereur, au milieu de tous, travaillait à la paix, c'est-à-dire procédait aux œuvres pour lesquelles Napoléon Iᵉʳ formait à Sainte-Hélène le vœu sublime, mais impossible, de pouvoir être son petit-fils.

Voilà donc un peuple attiré vers les choses utiles sur les pas de son chef, et au milieu de lui une armée aguerrie, comblée, récompensée. Que l'on me montre dans ce groupe serré du peuple et de l'Empereur un jour, une fissure où un parti puisse placer son levier ! Les choses extérieures, me dira-t-on ; les complications d'une politique qui a soulevé tous les problèmes insolubles des temps antérieurs. Cela est vrai ; mais on a oublié une chose, c'est que ces problèmes n'étaient insolubles que pour nos devanciers, non pas que je méprise leurs efforts, tant s'en faut ; la formation de la grande unité française est là pour montrer si ces efforts étaient vains ; mais d'abord nos ancêtres ne nous ont pas légué les problèmes qui nous agitent par la raison que l'on ne lègue que ce dont on est en possession, et, de leur temps, ces problèmes n'existaient pas : ils en avaient les germes, mais sans les voir, sans les distinguer des abus qui les environnaient, parce que ces abus c'était eux, c'étaient leurs mœurs, leurs usages, leurs habitudes, auxquels leurs gouvernements se conformaient.

Aujourd'hui les choses sont bien changées ! L'introduction de la démocratie a tout différencié ; c'est elle qui a tout remis en question ; c'est elle qui a fait naître des problèmes, comme c'est elle qui en attend et qui en opérera la solution.

C'est l'introduction de cet élément essentiel qui, redressant des choses anormales, en a fait des problèmes qui ne paraissent insolubles qu'à ceux qui ne sont pas imprégnés de démocratie. Pour regarder ces obstacles en face, sans trembler, il faut se pénétrer de cette atmosphère universelle encore si peu connue, que l'on voit à travers son opacité tout ce que l'on veut y voir.

La dynastie Napoléonienne, c'est la démocratie habillée, dorée, une couronne en tête et un sceptre à la main. Elle peut hardiment tenter tout ce qu'elle osera; la preuve, c'est qu'aux yeux des plus prévenus elle fait des choses que Louis XIV n'eût pas même rêvées, et elle les fait aisément; les choses ne sont prodigieuses que pour ceux d'un autre temps qui n'ont jamais eu que la force à mettre au service de leurs théories gouvernementales. A ceux-là, à plus forte raison, les problèmes d'aujourd'hui paraissent insolubles, ignorant qu'ils sont des nouvelles causes fondamentales qui, comme sur des rails de chemin de fer, vont permettre aux questions posées de glisser vers une solution.

Est-ce à dire que ce travail soit facile? qu'il s'opère sans efforts? que nous n'en ressentions les effets? Pas le moins du monde! Mettez dix hommes à relever une charrette versée, ils en viendront à bout, c'est sûr, mais après combien de hi! de oh! de ha! mettez-en cinquante, cela sera fait dans un instant sans que vous ayez rien vu ni entendu. Mettez deux cents, trois cents hommes d'élite à la tête du gouvernement d'un pays comme la France. Que ces hommes gouvernent à eux seuls; joignez-y leurs parents, leurs créatures; écartez la nation. Vous avez bien des hommes gouvernés par d'autres hommes, mais quels liens, quelles attaches existeront d'eux au reste du pays? Des liens, des attaches de hasard, de bon plaisir, de protection, de considération, d'où des actes eux-mêmes de hasard ou de bon plaisir, actes émanant de quelques-uns contre tous, malgré presque tous, en dehors du concours et de l'approbation de tous. Vienne le moment où les progrès universels de la conscience et de la raison permettent à la masse de se rendre compte, et vous avez des résistances, des émeutes, des révolutions. Après ces résistances, ces émeutes, ces révolutions, les hommes, remis en possession d'eux-mêmes, délèguent par acclamation à un seul le soin de les gouverner. Cet élu accepte ; il a le bonheur et la gloire de se souvenir ; il s'entoure d'hommes choisis ; il gouverne les masses par les masses ; il est avec elles en communication perpétuelle par les suffrages, par les élus ; il y a vie et chaleur de la base au sommet, entente, bien-entendus constants : quels problèmes seront insolubles devant cette puissante organisation ? Ils s'indiquent, ils se montrent, et aussitôt imposés, aussitôt résolus.

Le grand malheur pour les niais, c'est que toutes ces belles choses ne se fassent pas en six mois.

XXII

UN GRAND MOT

Quand on a dit ce mot fameux : « L'Empire, c'est la paix, » on a certainement su ce que l'on voulait dire ; mais est-il aussi sûr que tout le monde l'ait compris ? Combien, au moment où il fut prononcé, le reçurent en ricanant ! J'étais de ce nombre : c'est que je n'avais pas alors l'explication que je vais en donner.

Qu'est-ce que l'Empire, car, avant d'être la paix, il faut qu'il *soit ?* L'Empire, c'est l'avénement de la démocratie. Qu'est-ce que la démocratie ? Ce n'est pas quelques-uns, comme certains démocrates le croient, comme tous les aristocrates le craignent ; la démocratie, c'est *tout le monde.* L'Empire est donc le règne, l'avénement, la prise de possession de tout le monde. Ce mot vulgaire mais si complet, *tout le monde*, est-ce la paix ou la guerre ? Je ne me donnerai pas la peine de discuter une pareille alternative ; en la posant, le choix est fait. Voilà, à mon avis, à quel point de vue l'Empire, c'est la paix. Que de gens, pleins des souvenirs du premier, ont dit du second : « l'Empire, c'est la guerre ! » C'étaient probablement des hommes imbus de l'idée de la roue qui tourne, et, à ce titre, ils disaient : Puisque le premier Empire a été la personnification éclatante et indubitable de la guerre, le second le sera aussi. Raisonnement chaleureux, serré, sans réplique... pour des Turcs.

Le premier Empire était aussi bien l'avénement de la démocratie que le second ; seulement, la démocratie contestée fut alors obligée de s'affirmer : elle le fit par des combats et des victoires sans nombre, homériques, gigantesques comme tous les procédés de la démocratie. Quand tout le monde se mêle de faire une chose, cette chose se fait immensément, colossalement, d'une force irrésistible.

Elle fut vaincue cependant. C'est que son héros, sa personnification n'était qu'un homme. Il fit tout ce qu'un homme a pu jamais faire ; aussi est-il resté un demi-dieu pour la démocratie qui, malgré ses flancs déchirés, malgré la perte sanglante d'un million de ses enfants, lui a fait un temple dans son souvenir. C'est à la porte de ce temple qu'est venu frapper Napoléon III ; avec quel empressement on lui a ouvert !

Pourquoi l'Empire à présent serait-il la guerre? Pourquoi la démocratie à présent serait-elle la guerre? Qui la conteste? Qui la gêne? Qui songe à l'humilier? Qui la nie? Qui songe à l'attaquer? Des fous, je le sais, mais à la fin du siècle dernier et au commencement de celui-ci, ce n'étaient pas des fous qui l'attaquaient, qui la contestaient, qui la niaient; c'étaient bel et bien des rois avec des hommes armés de bons fusils, traînant après eux de bons canons, tous hommes et rois acharnés sur qui? Sur la démocratie? Non, sur un homme, sur le chef militant d'une démocratie militante elle-même. Et pourquoi était-elle militante, elle la plus douce, la plus pacifique des institutions humaines, elle personnification en chair et en os de la paix? Parce qu'on l'attaquait, parce qu'on la niait, parce qu'on la contestait. Elle fut et elle resta sous les armes tant que l'on demeura en face d'elle armé et bouffi de colère.

Aujourd'hui elle est encore sous les armes, il est vrai, mais souriante... tant qu'on lui sourira. Il s'agit donc de savoir si on lui sourira; toute la question est là. Y a-t-il l'ombre d'un doute? Donc l'Empire, c'est la paix.

L'Empire, ce sera la guerre quand on voudra, mais est-il bien sûr qu'on le veuille?

La démocratie n'a pas bataillé pour rien dans toutes les plaines de l'Europe. Elle a laissé partout des germes qui ont fructifié. L'idée de la démocratie est générale; elle a germé sur tous les points où elle a mis le pied.

L'Europe n'est pas une Chine fermée; ouverte, elle aussi, à coup de canons, elle n'a point refermé la brèche par laquelle nous étions entrés; les chemins de fer et la télégraphie sont venus s'y souder. Les peuples se touchent, échangent, correspondent. Une pulsation chez nous est ressentie à Moscou, à Vienne ou à Berlin. Un vaste filet d'intérêts croisés, solidaires nous enlace; les idées correspondent aux idées, les intérêts aux intérêts, les calculs aux calculs. Les peuples s'interrogent. se répondent par dessus la tête de leurs gouvernements au besoin. Cette pensée que tout le monde, c'est-à-dire la démocratie, veut la paix, a besoin de la paix, est aussi familière à Berlin qu'à Paris : où prendre l'idée de la guerre? Où sont les froissements? Est-ce que tout le monde peut froisser tout le monde? Est-ce que tout le monde peut vouloir tuer tout le monde? On arrive à l'absurde.

Que quelques-uns ne reculent pas même devant cette extrémité, je le conçois; c'est un métier, c'est un tic, une infirmité, c'est surtout un genre.

Mais qu'est-ce que le catarrhe de certains vieillards, sinon l'indice d'une fin prochaine?

Vicomte Ernest le Rébours.

PARIS. — IMPRIMERIE ÉDOUARD BLOT, RUE SAINT-LOUIS, 46.

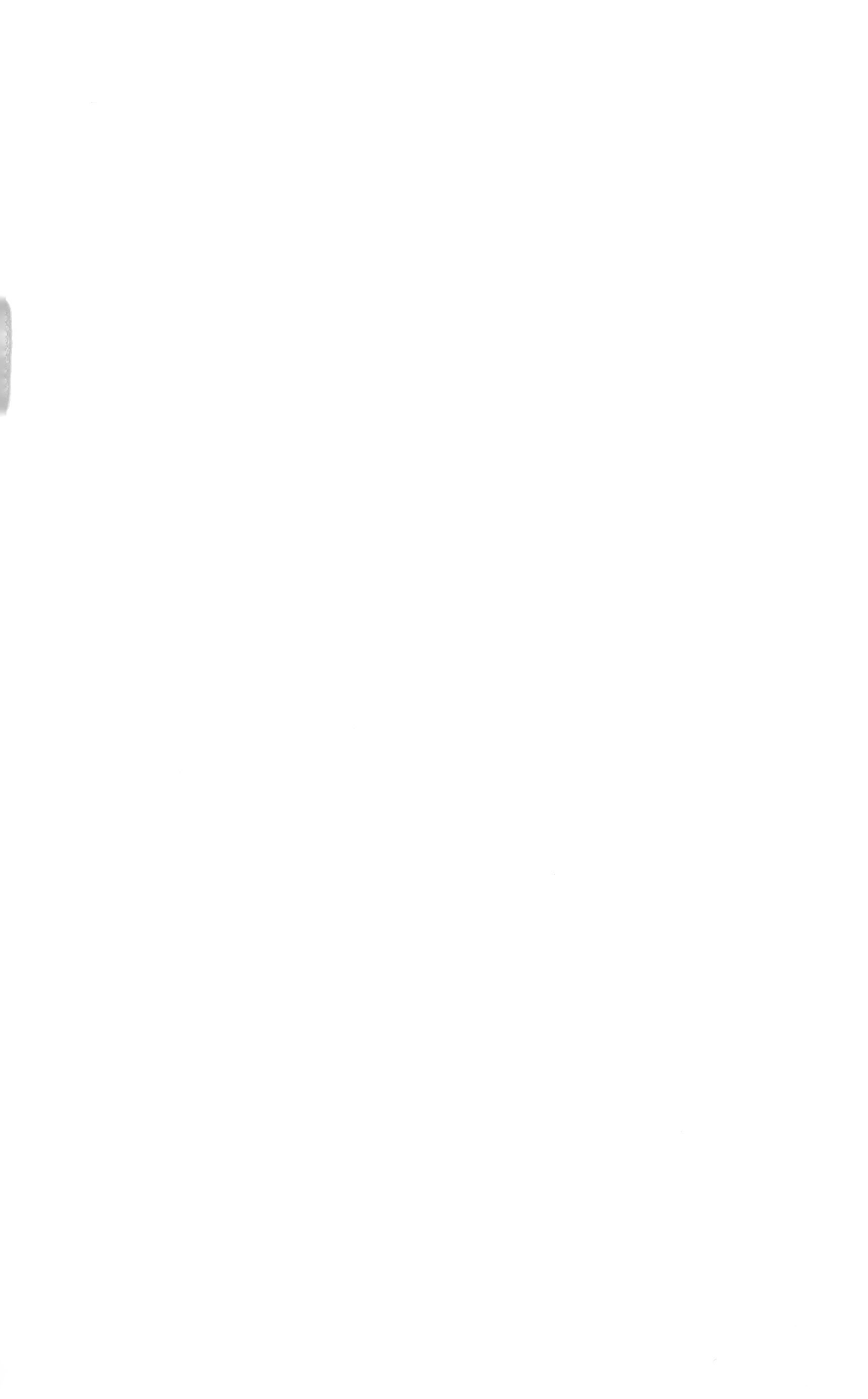